MW00522924

gudetama

ホント ムリだから

gudetama

ホント ムリだから

gudetama

ホント ムリだから

gudetama

gudetama

ホント ムリだから

gudetama

ホント ムリだから

gudetama

ホント ムリだから

gudetama

ホント ムリだから

gudetama

ホント ムリだから

gudetama

ホント ムリだから

gudetama

ホント ムリだから

gudetama

ホント ムリだから

gudetama

ホント ムリだから

gudetama

ホント ムリだから

gudetama

ホント ムリだから

gudetama

ホント ムリだから

gudetama

ホント ムリだから

gudetama

はなしてー

ホント ムリだから

gudetama

ホント ムリだから

gudetama

はなして〜

ホント ムリだから

gudetama

ホント ムリだから

gudetama

ホント ムリだから

gudetama

ホント ムリだから

gudetama

ホント ムリだから

gudetama

ホント ムリだから

gudetama

ホント ムリだから

gudetama

ホント ムりだから

gudetama

ホント ムリだから

gudetama

ホント ムリだから

gudetama

はなしてー

ホント ムリだから

gudetama

ホント ムリだから

gudetama

ホント ムリだから

gudetama

ホント ムリだから

gudetama

 はなしてー

ホント ムリだから

gudetama

ホント ムリだから

gudetama

ホント ムリだから

gudetama

はなして〜

ホント ムリだから

gudetama

はなして—

ホント ムリだから

gudetama

はなして〜

ホント ムリだから

gudetama

ホント ムリだから

gudetama

gudetama

はなして〜

ホント ムリだから

gudetama

ホント ムリだから

gudetama

ホント ムリだから

gudetama

ホント ムリだから

gudetama

ホント ムリだから

gudetama

ホント ムリだから

gudetama

ホント ムリだから

gudetama

はなしてー

ホント ムリだから

gudetama

ホント ムリだから

gudetama

ホント ムリだから

gudetama

ホント ムリだから

gudetama

はなして〜

ホント ムリだから

gudetama

ホント ムリだから

gudetama

ホント ムリだから

gudetama

ホント ムリだから

gudetama

はなして～

ホント ムリだから

gudetama

はなしてー

ホント ムリだから

gudetama

はなしてー

ホント ムリだから

gudetama

ホント ムリだから

gudetama

はなしてー